내가 슬픔이라면 나는

2025

This poetry collection is dedicated to my wife Jeonghi and my daughter Meero.

내가 슬픔이라면 나는

- 윤슬

김재석 시집

사이재

시인의 말

나의 시작 소재 중에
슬픔과 윤슬이 차지하는 부분이
상당하다

이 시집도
1부는 슬픔에 대한 시로
3부는 윤슬에 대한 시로 이루어져 있다

한 가지 소재로만으로 이루어진
시집들이
저자에게는 의미가 있으나
독자들을 지루하게 한다는 걸
앞서 출간한
슬픔과 윤슬에 대한 시집들을 통하여 알았다

2부는 강진만에 대한 시로
4부는 독자들이 지루하지 않도록
다양한 소재로 쓰여진 시들로
이루어져 있다

나의 시가
누군가의 상처를 치유하는 데 뿐만 아니라

인류의 나중 형편이 나아지게 하는 데
기여하기를 바란다

2025년 가을
일속산방一粟山房에서
작시치作詩痴 김재석

2부

3부

4부

1부

오늘
-2025. 8.1

어제와 다름없이 오늘도
어둠과 빛이 인수인계를 하였다

어둠과 빛이 인수인계를 하는 중에
어떤 문제로 다투거나
어떤 문제로 이김질을 하는 걸
다른 사람은 본 적이 있는가 몰라도
나는 본 적이 없다

어둠이 빛을 이긴 적이 없다고 하면
어둠이 상처를 입을 것이고
빛이 어둠을 이긴 적이 없다고 하면
빛이 상처를 입을 텐데
어둠이 빛을
빛이 어둠을 이긴 걸 본 적이 없다

어둠과 빛은
서로 이기고 지고 하는 관계가 아니고
날마다 바통을 주고받듯
사이 좋게 인수인계를 하는 관계다

어둠이 빛을 이긴 적이 없다는 말이 떠도는데
어둠과 빛을 이간질하는 말이니
절대로 그런 말을
어둠 앞에서는 물론이거니와
빛 앞에서도 해서는 안 된다

빛이 없으면 어둠도 없고
어둠이 없으면 빛도 없을 뿐만 아니라
빛만 있고
어둠이 없으면
세상은 머지않아 초토화될 것이다

어제와 다름없이 오늘도
더위 속에
어둠과 빛이 인수인계를 하였다,
바통을 주고받듯

나를 한눈에 알아보는 슬픔이 있다

나를 한눈에 알아보는 슬픔이 있다

보통이 아니단 말을 듣는 것으로
부족할 정도로
보통이 아니다

슬픔이
나를 한눈에 알아보는 것이
나에게 이로운 건지
나에게 이롭지 않은 건지
헷갈린다

누군가가
나를 한눈에 알아보는 건
나의 사유가 복잡하지 않고
단순하다는 의미일 수도 있기에
슬픔이 나를 알아본다고 해서
마냥 좋아할 수만 없다

나를 한눈에 알아보는 것과
나를 알아주는 것이 같다 할지라도

이보다 좋을 수가 없다는 말을
뱉지 못하는 건
알아주는 이가 슬픔이어서다

슬픔이
나를 한눈에 알아보는 것과
나를 알아주는 것이 다르다면
많은 변수가 있을 것이다

슬픔이
나를 한눈에 알아보듯이
나도
슬픔을 한눈에 알아봐야 하는데
슬픔이 나를 한눈에 알아보는 것 외에
나를 한눈에 알아보는 슬픔에 대하여
내가 아는 게 별로 없다

분명한 건
무슨 연유인지 몰라도
나를 한눈에 알아보는 슬픔이
나에 대하여 관심이 많다는 것이다

나를 한눈에 알아보는 슬픔이 있다,
좌우지간

지구촌에 어른이 없다고 쓴소리를 하는 슬픔이 있다

지구촌에 어른이 없다고 쓴소리를 하는
슬픔이 있다

러·우전쟁은 말할 것도 없고
이스라엘이 이란을 때리고
시리아를 때리고
인도와 파키스탄이
캄보디아와 태국이 서로 때리니
지구촌이 편할 날이 없다는 말을
슬픔이 달리 표현한 것 같다

미국, 러시아를 비롯한
강대국의 지도자들이
조폭 못지않게 힘만 앞세우니
지구촌에 어른이 없다는 말이
슬픔의 입에서 나온 것이다

오죽 하면
슬픔의 입에서
지구촌에 어른이 없다는 소리가 나왔을까라는
생각을 하니

슬픔 앞에 당당할 지구촌이 많지 않을 것 같다

슬픔이 재미란 재미는
다 볼 수 있는 호기인데
지구촌에 어른이 없다는 소리를 하는 걸 보면
슬픔이 양심적이다

모든 슬픔이 다 양심적인 게 아니라
양심적인 슬픔이
아주 드물게 있는데
그중의 하나를 내가 만나
지구촌에 어른이 없다는 소리를 들은 것이다

지구촌에 어른이 없다고 슬픔이 쓴소리를 하는데
지당한 말이다

나는 어깨가 무거운 슬픔이다

나는
어깨가 무거운 슬픔이다

날마다
나라는 짐을
내려놓지 못하고
어깨에 매고 다닌다

나라는 짐을
내려놓은 정도가 아니라
내팽개치고 싶어도
내팽개치지 않는 건
나의 운명이다가 아니라
아무리 내팽개쳐도
내팽개쳐지지 않는다는 걸
내가 알기 때문이다

괜히
나라는 짐을
내팽개치려했다간
내팽개치지도 못하고

나라는 짐에게 인심만 잃을 것이다

나라는 짐 역시
나에게 짐이 되지 않기 위하여
내게서 떠나고 싶어도
떠나지 못하는 건
내가 붙들어서가 아니라
아무리 떠나고 싶어도
떠나지지 않는다는 걸
나라는 짐이 알기 때문이다

나와 한통속인
나라는 짐은
나의 동반자이기도 하고
나의 앳가심이기도 하다

나는
어깨가 무거워도
많이 무거운 슬픔이다

나로 하여금 숨이 막히게 하는 슬픔이 있다

고희의 강을 건넌
나로 하여금 숨이 막히게 하는 슬픔이 있다,
너무 근엄하여

슬픔이 슬픔답지 못하다는 말이
근엄한 슬픔을 위하여
태어난 말이라고 해도 과언이 아니다

근엄한 슬픔과 거만한 슬픔은
비슷하면서도 다른데
나로 하여금 숨이 막히게 할망정
근엄한 슬픔은 존경과 거리가 가깝고
거만한 슬픔은 존경과 거리가 멀다

비록 슬픔이지만
근엄한 슬픔이
내가 지니지 못한 걸 가지고 있기에
배울 바가 없지 않아 있다

어깨에 힘을 주지 않고도
근엄하다는,

근엄하다는 말을 나에게 듣는
슬픔의 비결은 어디에 있는가

고희의 강을 건넌
나로 하여금 숨이 막히게 할 뿐만 아니라
절로 고개가 숙여지게 하는 슬픔이 있다,
너무 근엄하여

나로 하여금 가슴이 뛰게 하는 슬픔이 있다

세상에
고희의 강을 건넌
나로 하여금 가슴이 뛰게 하는 슬픔이 있다

나로 하여금 가슴이 뛰게 하는 슬픔을
혼자 차지하기 위하여
입을 봉해야 한다

내가 가슴이 뛴다고 해서
다른 사람들도 가슴이 뛰어야 한다는 법이 없듯이
다른 사람들이 가슴이 뛴다고 해서
내가 가슴이 뛰어야 한다는 법이 없다는 걸
모르는 바가 아니다

나로 하여금 가슴이 뛰게 하는 슬픔이
어떤 슬픔인지
구체적으로 말할 필요가 없는 건
어차피 내가 혼자 차지하여야 할
슬픔이어서다

어차피 내가 혼자 차지하여야 할

슬픔이란 말 대신에
어차피 내가 혼자 감당해야 할
슬픔이기에 입을 봉했다 하면
나중에 누가 알더라도
욕은 먹지 않을 것 같다

세상에
고희의 강을 건넌
나로 하여금 흐뭇하게 하는 슬픔이 있다

나에게 개기는 슬픔이 있다

나에게 개기는 슬픔이 있다

슬픔이
다른 이들에게는 개기지 않고
나에게만 개긴다면
나를 우습게 여긴다는 것이다

슬픔이
나에게만 개기는지
다른 이들에게도 개기는지
알아보는 데
누구도 눈치채지 못하게 해야 한다

슬픔이 나에게만 개긴다는
결론에 이르면
나의 자존심에
크게 흠집을 내는 것이다

슬픔이 나에게 고분고분하리라고
생각해 본 적은 없지만
나 외에 누구에게도

슬픔이 고분고분하리라고
생각해 본 적이 없지만
슬픔이 나에게 개기는 건
기분 좋은 일은 아니다

슬픔이 나에게 계속 개기면
나도 슬픔에게 개겨
슬픔에게 자기가 하는 대로 대접받는다는 걸
깨우쳐 줘야 한다

자기 분수를 모르는 슬픔이 있다

자기 분수를 모르는 슬픔이 있다고
내가 혼잣말을 한다

내 안의 누군가가
슬픔이 자기 분수를 모르는 게 당연하다며
자기 분수를 아는 슬픔이 어디 있냐며
나보다 대보라 한다

무심결에 한 마디 뱉었다가
내 안의 누군가에게 무색을 당한 내가
가만히 생각해 보니
내가 이제까지 만난 슬픔들 중에
자기 분수를 아는 슬픔이 없었던 것 같다

자기 분수를 아는 슬픔이 있었는데
내가 그걸 기억하지 못하더라도
가뭄에 콩 나듯이
거의 다 분수를 몰랐던 것 같다

자기 분수를 모르는 슬픔이 있다고
혼잣말을 할 게 아니라

슬픔이라고 해서
자기 분수를 모르는 법이 어디 있냐며
혼잣말을 했더라면
내 안의 누군가가
나에게 이의를 달지 않았을까

내 안의 누군가가
나에게 뭐라 하던
혼잣말을 하는 습관을 내칠 수가 없다

슬픔이라고 해서
자기 분수를 모르는 법이 어디에도 없다

끄떡하면 나에게 면박을 주는 슬픔이 있다

고희의 강을 건넌 뒤에도
끄떡하면
나에게 면박을 주는 슬픔이 있다

주로 시를 이따위로 쓰냐며
나에게 면박을 주는데
나의 상처가 이만저만이 아니다

다른 슬픔들은
나의 시에 대하여
이렇다저렇다 말을 뱉은 적이 없는데
나의 시에 대하여
막말을 하는 슬픔 때문에
시를 때려치워야 하나 하는 생각마저 든다

나름대로
시작법의
관성에서 벗어나려고 해도
관성에서 벗어나지 못하는 것에 대하여
고민이 깊다

천편일률과 가까이 지내는

나의 시작을
천편일률에서 떼어내려고 해도
뜻대로 되지 않는다

시는
이치에 맞는 착란이며
감각의 전이란 말을
입에 달고 다닌 내가
시를 이따위로 쓰냐는 말을 듣는 건
나의 시작법에 문제가 있다는 것이다

시를 이따위로 쓰냐며
나에게 면박을 주는 슬픔이
누구인지 말할 수 있는 자는
나 외에 또 누가 있을까

고희의 강을 건넌 뒤에도
끄떡하면
나에게 면박을 주는 슬픔이 있다로
시작하는 이 시마저도
천편일률적인 걸 보면
면박을 당해도 싸다

자기 자신을 가까이하지 말라는 슬픔이 있다

자기 자신을 가까이하지 말라는
슬픔이 있다

누가 슬픔을 다 가까이하려고 하겠는가를 생각하면
자기 자신을 가까이하지 말라는 슬픔은
자기 처지를 알고
자기 자신을 가까이하지 말라고 할 정도로
양심적인가

자기 처지를 모르고
무턱대고
자기 자신을 가까이하지 말라는 말을
슬픔이 뱉었을 리가 없다

자기 자신을 가까이하지 말라는
자기 자신이 위험하다는 말일 수도 있는데
무슨 일이 일어나면
슬픔이 책임을 회피하기 위한 말로
슬픔의 고도의 책략일 수도 있다

슬픔이

자기 자신을 가까이하지 말란 말 속에는
우리가 미처 생각하지 못한
뜻이 담겨 있을 수도 있다

자기 자신을 가까이하지 말라는
슬픔이
양심적으로 보이나
속은 알 수 없으니 방심해선 안 된다

자기 자신을 가까이하지 말라는
슬픔은 있어도
자기 자신을 가까이하라는 슬픔은 없다

슬픔에 대하여

1

돈을 밝히는 슬픔이 있다

여자를 밝히는 슬픔이 있다

돈과 여자를 밝히는 슬픔이 있다

슬픔이 돈만 밝힐 리가 없다

슬픔이 여자만 밝힐 리가 없다

슬픔이 돈과 여자를 다 밝힐 것이다

어떤 슬픔이 가장 바람직할까

이따위 시를 쓰는 나는 시도 밝히는 슬픔이다

2

아모르 파티를 가슴에 새긴 슬픔이 있다

카르페 디엠을 가슴에 새긴 슬픔이 있다

메멘토 모리를 가슴에 새긴 슬픔이 있다

아모르 파티,
카르페 디엠,
메멘토 모리
셋을 다 가슴에 새긴 슬픔이 있다

아모르 파티,
카르페 디엠,
메멘토 모리 중
둘을 가슴에 새긴 슬픔이 있다

이따위 시를 쓰는 나는
셋을 다
가슴에 새긴 게 아니라
가슴에 새기고 싶은 슬픔이다

드디어 올 게 왔구나 하는 슬픔이 있다

드디어 올 게 왔구나 하는
슬픔이 있다

무슨 일로
슬픔이
드디어 올 게 왔구나 하는지
나로선 알 길이 없다

드디어 올 게 왔구나 할 때
드디어 온 건
뭔가 흠집을 남겼다는 건데
그 흠집이
본의 아니게 일어난 일인지
본의로 일어난 일인지
그것 또한 알 길이 없다

삶이 부조리한 건
터무니없는 일이
본의 아니게 일어나기 때문인데
본의 아니게 일어났다고 해서
그냥 넘어가 줄 세상이 아니다

드디어 올 게 왔구나 하는 슬픔만
드디어 올 게 오는 게 아니라
누구든
드디어 올 게 올 수 있는 게
삶인 데도……

마침내 올 게 왔구나 하는
슬픔이 있다

기소불욕물시어인己所不欲勿施於人을 가슴에 새긴 슬픔이 있다

기소불욕물시어인己所不欲勿施於人을 가슴에 새긴 슬픔이
있다

기소불욕물시어인己所不欲勿施於人을 가슴에 새긴 슬픔이
기소불욕물시어인己所不欲勿施於人을 가슴에 새겨
재미를 톡톡히 봤는지
재미를 전혀 보지 못했는지
궁금하다

슬픔이
기소불욕물시어인己所不欲勿施於人을 가슴에 새긴 이유가
재미를 보기 위해서가 아님에도 불구하고
재미를 톡톡히 봤는지
재미를 전혀 보지 못했는지
궁금할 수밖에 없는 건
잡담, 호기심, 애매성 중에 호기심이 발동하여서다

기소불욕물시어인己所不欲勿施於人을 가슴에 새기지 않은
슬픔들에 비해
기소불욕물시어인己所不欲勿施於人을 가슴에 새긴 슬픔이
재미를 전혀 보지 못했음이

불 보듯 뻔하다

기소불욕물시어인己所不欲勿施於人을 가슴에 새긴 슬픔은
지혜는 물론
지성이 넘치는데
슬픔치곤 파격적인 이 슬픔은
슬픔답다고 할 수 없으나
슬픔은 슬픔이다

기소불욕물시어인己所不欲勿施於人을 가슴에 새긴 슬픔이
　있다,
좌우지간

* 기소불욕 물시어인己所不欲 勿施於人:『논어』「위령공편」에 나오는
공자의 말로 '내가 원하지 않는 바를 남에게 하지 마라'는 의미이다.
훗날 자사子思는 이를『중용』13장에서 시각을 바꾸어 '시저기이불
원 역물시어인施諸己而不願, 亦勿施於人'이라고 하였는데, 그 의미는
'자신에게 베풀어지기를 원하지 않는 것은 또한 남에게도 베풀지 마
라'이다.

내가 슬픔이라면 나는

내가 슬픔이라면
나는 어떤 슬픔일까

내가 알고 있는 슬픔 중에
己所不欲 勿施於人을 가슴에 새긴 슬픔이 있는데
슬픔으로서 성과를 내지 못하더라도
그 슬픔을 닮았으면 좋겠다

시각을 바꾸어
施諸己而不願, 亦勿施於人을 가슴에 새긴 슬픔이 되면
己所不欲 勿施於人을 표절한 걸로
다들 뒷담화를 할 것이니
그건 피해야 한다

나는
己所不欲 勿施於人을 가슴에 새긴
슬픔의 지혜와 지성을 따라잡을 생각을
아예 하지 말아야 한다

세상이 나를 터무니없는 슬픔이라 할지라도
나는

나를 가까이하면 세상의 눈 밖에 나니
누구에게나
나를 가까이하지 말라는 슬픔이 되고 싶다

달리 말하면
나는
누구도 나를 가까이하지 않게 하여
외롭고 높고 쓸쓸한 슬픔이 아니라
외롭고 낮고 쓸쓸한 슬픔이 되고 싶다

만에 하나
누군가가
세상의 눈 밖에 날 각오를 하고
나를 가까이하지 말라는 슬픔인
나를 가까이하면
누군가의 나중 형편이 나빠지지 않도록
나의 목숨이라도 내놓을 것이다

이제까지 나는
내가 슬픔이라면
나는 어떤 슬픔일까가 아니라

나는 어떤 슬픔이 되고 싶을까에 대하여
혼잣말을 한 것 같다

내가 슬픔이라면
내가 어떤 슬픔인지
말할 수 있는 자는 누구인가

* 시저기이불원 역물시어인施諸己而不願, 亦勿施於人

이제는 말할 수 있다는 슬픔이 도처에 깔려 있다

이제는 말할 수 있다는
슬픔이
도처에 깔려 있다

여기,
저기,
거기

이제는 말할 수 있다는
슬픔이
도처에 깔려 있는 세상은
좋은 세상이고
이제는 말할 수 없다는 세상이
도처에 깔려 있는 세상은
나쁜 세상이다는 말을 뱉어도 되는가 모르겠다

도처에
이제는 말할 수 있다는
세상이
좋다는 말을 뱉어도 되는지 모르겠다고 한 건
이제는 말할 수 있는 이가

슬픔이어서다

슬픔이
이제는 말할 수 있다는 말을 뱉지 말라는 법이
어디에도 없지만
이제는 말할 수 있다는
슬픔의 사연을
누가 귀담아 들으려하겠는가

나는 이제는 말할 수 있다는
슬픔 중의 하나일 수도 있고
슬픔 중의 하나가 아닐 수도 있는데
내가 이제는 말할 수 있다고 하면
도처에 깔려 있는 슬픔들이
나의 사연을 귀담아 들으려할지 의문이다

여기,
저기,
거기

이제는 말할 수 있다는

슬픔만
도처에 깔려 있는 게 아니라
여전히 말할 수 없는
슬픔도
도처에 깔려 있다

2부

겨울 강진만에서

햇빛과 물결이 의기투합하여
태어난 보석으로
나는 시를 낳으려고 정신이 없는데
백조들은
갯벌에서 먹이 사냥을 하느라
정신이 없다

나는
형이상학적이고
백조들은
형이하학적이란 말을 뱉을 수가 없다

백조들은
정장이 더럽혀지는 줄도 모르고가 아니라
정장이 더럽혀지는 걸 불사하고
갯벌에서 먹이 사냥을 하는데
누구도
백조 앞에서 품위 없단 말을 뱉지 않는다

백조만
갯벌에서 먹이 사냥을 하느라

정신이 없는 게 아니라
청둥오리도
쥐오리도
흰죽지도
먹이 사냥을 하느라 정신이 없는데
정장이 더럽혀지는 걸 불사한다

백로와 왜가리는
정장을 더럽히지 않으려는 듯
점잖게 갈대밭가에 서 있는데
백로와 왜가리가
점잖게 서 있고 싶어서
점잖게 서 있는 게 아닌 이유를
뒤늦게 알게 되었지만
백로와 왜가리의 아픈 데를 건드리는 것이기에
이유를 밝히고 싶지 않다

나는
형이상학적이고
백조를 비롯한 겨울 철새들은
형이하학적이란 말을 뱉을 수가 없다가 아니라

뱉어서는 안 되는 이유는
하부구조가 상부구조를 규정하기 때문이다

햇빛과 물결이 의기투합하여
태어난 보석으로
나는 시를 낳으려고 정신이 없는데
백조들을 비롯한 겨울 철새들은
정장을 더럽히는 걸 불사하고
갯벌에서 먹이 사냥을 하느라
정신이 없다

묵은 갈대들은 스스로 드러눕지 않는다

묵은 갈대들과 새 갈대들이 인수인계를 끝내도
내가 눈치채지 못한 건
묵은 갈대들이 드러눕지 않아서다

하루에 두 차례 들고나는 바다에 의해
새 갈대들이 얼굴 내밀기도 전에
힘이 부친 갈대들이 드러눕기도 하지만
대체로 묵은 갈대들이
새 갈대들이 자립할 때까지가 아니라
새 갈대들이 자립한 뒤에도
새 갈대들의 곁에 서 있으니
묵은 갈대들과 새 갈대들이 인수인계를 끝낸 걸
어떻게 알겠는가

묵은 갈대들이 새 갈대들의 곁을 떠나지 않을 뿐만 아니라
사후에도 드러눕지 않고
그냥 그 자리에 서 있으니
육안으론
묵은 갈대들과 새 갈대들이 인수인계를 끝낸 걸
좀처럼 알아낼 수 없다

묵은 갈대들과 새 갈대들의 인수인계가 끝나는 시점은
묵은 갈대들이 새 갈대들에게
더위를 이기는 법과
폭풍우에도 버티는 법을 전수한 뒤일 것이다

사람들이 생각한 것 이상으로
지혜가 충만한
묵은 갈대들

묵은 갈대들과 새 갈대들이 인수인계를 끝내도
내가 눈치채지 못한 건
묵은 갈대들이 드러눕지 않아서다,
사후에도

여름 강진만 갈대밭에서

말복이 지났는데
아직도
새 갈대들이
묵은 갈대들의 키를 따라잡지 못했다

어깨를 들썩이며
하루에 두 차례 강진만을 들고나는
바다에 의해 꺾인
묵은 갈대들이 상당함에도
묵은 갈대들이 여전히
새 갈대들과 함께하고 있다

바다에 의해 꺾인
묵은 갈대들의 몸의 일부가
부유물로 한군데에 모여 있는 걸 보면
희한하다

수달, 수달이 은신처로 삼기 위하여
부유물을 모아놓은 거라고
나처럼 강진만 갈대밭까지
먼 걸음을 한 길들 중의 한 길이

나에게 생각을 전하는데
내 눈으로 지켜보지 않았지만
믿고 싶다

묵은 갈대가 새 갈대보다 키가 크다는 건
앞으로도
새 갈대들이 더 커야 한다는 건데
기록이 경신되듯이
새 갈대들의 키가
묵은 갈대들의 키를 해마다 경신한다면
언젠가는 갈대들의 키가
'잭과 콩나무'의 콩나무처럼 하늘에 닿을 거라고
강진만 갈대밭까지
먼 걸음을 한 길들 중의 한 길에게
내 생각을 전하니
삐긋이 웃는다

말복이 지났는데
아직도
새 갈대들이
묵은 갈대들의 키를 따라잡지 못하고 있다

여름 강진만이 나를 불러내다

묵은 갈대와 새 갈대가
인수인계를 끝낸
여름 강진만이 나를 불러낸다

못 이긴 척이 아니라 기꺼이
여름 강진만의 부름에 응한 내가
여름 강진만이 더위를 이기는 데
기여할 수 있으면 좋겠다

여름 강진만이 나를 불러낸 건
묵은 갈대와 새 갈대가
인수인계를 하는 걸
보여주기 위해서일 뿐만 아니라
먼 비행을 한
알락꼬리마도요를
나에게 보여주기 위해서인지도 모른다

그냥 알락꼬리마도요를
나에게 보여주기 위해서가 아니라
나로 하여금
알락꼬리마도요에 대한 시를

쓰게 하기 위해서일 거다

나는 지금
여름 강진만이 나에게 기대한 대로
먼 비행으로 힘이 파인
알락꼬리마도요 중에
먹을 걸 탐하지 않고
햇빛과 물결이 동침하여 태어난
보석에 꽂힌
알락꼬리마도요로 시를 쓰려고 안간힘을 쓰고 있다

알락꼬리마도요에 대한 시를
더위 먹은
여름 강진만에게 안겨 주고
여름 강진만의 배웅을 받을 것이다

묵은 갈대와 새 갈대가
인수인계를 끝낸
여름 강진만이 나를 불러낸 게 아니다,
무턱대고

여름 강진만 갈대밭이 나를 불러내다

여름 강진만 갈대밭이 나를 불러내
강진만 갈대밭에 왔다

푸른 제복을 입은
강진만 갈대들의 사열을 받으며
데크길을 걷는 재미가
쏠쏠하다

받들어 꽃!은 아직 이르고
한때 나에게
받들어 총!이라 들렸던 소리가
오늘은
받들어 시詩!라고 들린다

나에게 사열을 하는
푸른 제복을 입은 강진만 갈대들이
지구촌 곳곳에
평화유지군으로 나가
전쟁을 억제하는 데 기여했으면 좋겠다는
생각을 한 적이 있다

그 생각은 지금도 변함이 없는데
내 안의 누군가가
평화 유지도 좋지만
왜 하필 강진만 갈대들이냐고
나에게 이의를 제기한다

강진만 갈대들이
겨울 철새들에게 이정표 역할을 하는데
겨울 철새들 중에서도
백조들에게 이정표 역할을 하는데
평화 유지를 위하여
강진만 갈대들이 자리를 비우면
겨울 철새들이 길을 잃을 것이라 한다

겨울 철새들이 길을 잃지 않도록
푸른 제복을 입은 갈대들을
모두 다 평화유지군으로 보내는 게 아니라
지역별로
평화유지군을 지원받아
가자지구로
러·우전선으로

인도와 파키스탄 국경으로 일부만 보내
전쟁을 말리는 데
기여하도록 하고 싶다

강진만 갈대들이 먼저
평화유지군으로 나가면
소문을 들은
순천만 갈대들이
고천암호 갈대들이
평화유지군으로 나갈 것이고
우리나라 아닌
다른 나라 갈대들도
평화유지군으로 나가
지구촌에서 전쟁이 사라질 것이다

여름 강진만 갈대밭이 나를 불러내
푸른 제복을 입은
강진만 갈대들의 사열을 받으며
데크길을 걷는 재미가
솔찬한데
나의 상상력이
생각만으로 그치지 않길 바란다

갈대와 나

강진만 갈대밭에서
받들어 시!
갈대들에게 사열을 받기만 하고
갈대들에게 아무런 보답을 하지 않는다면
갈대들이 나를 인색한 인물로 간주할 것이다

강진만이 나에게 시를 안겨 주듯이
받들어 시!
나에게 사열을 하는
강진만 갈대들에게
나도 뭔가를 안겨 줘야 하는데
나는 무얼 안겨 줘야 하나

갈대들이
나에게 사열을 하는 게 아니고
그냥 그 자리에 서 있는데
받들어 시!
나에게 사열을 한다고
내가 오독을 한 거라는 생각이
나의 뇌리를 때리기도 하지만
그런 생각은 절대로

갈대들에게 내비치지 말아야 한다

갈대들이
그냥 그 자리에서
제 몸뚱일 흔들어 바람을 만들어
제 영혼을 싣고
마실을 나가기도 하고
마실을 나갔다가 돌아오기도 하는데
그걸 내가 오독을 하여
내가 사열을 받는다고 생각할 수도 있으나
내가 사열을 받는다고 생각하는 것보다
더 즐거운 상상력은 없다

모든 게 해석이듯이
나에게 유리하게 상상의 날개를 펼쳐야지
나에게 불리하게 상상의 날개를 펼쳐
기분 잡칠 필요가 뭐가 있나

갈대들이
나에게 사열을 하는 게 아니라
갈대들이 제 영혼을 바람에 싣고

마실을 나가기도 하고
마실을 나갔다가 돌아오기도 하는 거라고 해도
나는 갈대들이
나에게 받들어 시!라고
사열을 하는 것이라 생각할 것이다

강진만 갈대밭에서
받들어 시!
갈대들에게 사열을 받기만 하고
갈대들에게 아무런 보답을 하지 않는다면
갈대들이 나를 인색한 인물로 간주할 뿐만 아니라
나를 혐오할 것이다

개개비 울음소리

강진만 갈대들에게 내가
데크길을 걸으며
사열을 받을 때
배경음악이 돼 주는 건
개개비 울음소리다

개개비가
강진만 갈대들에게
사열을 받는 나를 위하여
우는 게 아니라 할지라도
개개비 울음소리가
배경음악이 된 건 사실이다

개개비 울음소리가
강진만 갈대들에게
사열을 받는 나를 위하여
본의 아니게
배경음악이 돼 주듯이
세상사는
본의 아닌 일들 천지다

받들어 시,
받들어 시로
나를 몸 둘 바 모르게 하는
강진만 갈대들의 사열은
본의 아닌 일이 아니기를 바란다

강진만 갈대들에게 내가
데크길을 걸으며
사열을 받을 때
배경음악이 돼주는
개개비 울음소리가 본의 아닌 일이라 할지라도
시로 낳아 보답해야겠다

알락꼬리마도요

강진만에서
탐조망원경으로
알락꼬리마도요의 사생활을 훔쳐보는
재미가 쏠쏠하다

지금 먹이 사냥을 하느라
정신이 없는
알락꼬리마도요가
강진만에게
먼 비행을 하는 동안에 있었던 일들을
낱낱이 들려주고 떠나는지
궁금하다

알락꼬리마도요가
자기들 볼 일만 보고
그러니까 먹을 것만 탐하다가
강진만을 떠나지 않을 것이다는 생각이
나의 뇌리를 때린다

시야가 탁 트인 갯벌이
알락꼬리마도요의 먹이 사냥터이자

잠자리인 건
우연이 아닌
필연이다

강진만에게 신세를 지는
나그네새인 알락꼬리마도요가
강진만이 구색을 갖추는 데
기여하고
알락꼬리마도요가
누군가를 먹이 삼고
누군가의 먹이가 되지 않기 위하여
전략을 세우는 데
강진만이 기여하고 있다

강진만에서
탐조망원경으로
알락꼬리마도요의 사생활을 훔쳐보는
재미가 솔찬하다

개개비와 나 1

갈대밭이 삶의 터전인,
갈대밭을 훤히 꿴 개개비와
갈대밭에서 시를 줍는 나는
각자 갈대들과 각별한 사이이나
개개비와 나는 어떤 사이도 아니다

내가 갈대들에게 꽂힌 것을
내가 갈대들을 밝히는 것을
개개비가 문제 삼은 적이
단 한 차례도 없다

이따금 갈대밭을 찾는 나보다
언제나 함께하는 개개비를
갈대들이 애지중지하는 게
당연한 일이기에
내가 개개비를 시샘한 적도 없다

개개비와 나는
각자 갈대들과 각별한 사이여도
개개비와 나는
가까이 지낸 적이 없다

나는 개개비와
가까이 지내고 싶어도
개개비는 나와
가까이 지낼 생각을 하지 않는다

갈대밭에서 시를 줍는 나와
갈대밭이 삶의 터전인,
갈대밭을 훤히 꿴 개개비는
각자 갈대들과 각별한 사이이나
개개비와 나는 어떤 사이도 아니다

개개비와 나 2

강진만을 찾은 개개비들이
갈대숲에서 죽치고 있지
갈대숲을 떠나 먼 데까지
다녀온다는 말을 들어본 적이 없다

햇빛과 물결이 서로 의기투합하여
태어난 보석을
개개비들이 지켜보느라
먹이 사냥을
소홀히 한다는 말 역시 들어본 적이 없다

나는 햇빛과 물결이 서로 의기투합하여
태어난 보석에 꽂혀
그걸 시로 낳지 못하면
강진만을 떠나지 않겠다고
강진만 앞에서 고집을 부린 적도 있다

갈대숲에 죽치는
개개비들은 내가
강진만을 찾는 이유 중의 하나가
햇빛과 물결이 서로 콩깍지 씌어

태어난 보석을
시로 낳기 위한 거라는 걸 알 리가 없다

갈대숲에 죽치는
개개비와 나 중에
누가 더 못 말리는가를 말할 수 있는 이는
강진만이다

강진만을 찾은 개개비들이
갈대숲에서 죽치고 있지
갈대숲을 떠나 먼 데까지
다녀오는 걸
누가 봤다는 말을 들어본 적이 없다

알락꼬리마도요에 대한 몽상

알락꼬리마도요의 일거수일투족에 대하여
강진만까지 먼 걸음을 길들 중의 하나인
내가 신경을 쓰는 이유는
강진만이 알락꼬리마도요를 오래 붙들고 있지 않아서다

강진만이 알락꼬리마도요를 오래 붙들고 있지 않아서인지
강진만이 알락꼬리마도요를 오래 붙들고 있지 못해서인지
헷갈리나
한 해도 거르지 않고
알락꼬리마도요가 오래 버티지 못한 건 사실이다

오래 버티지 못하는
알락꼬리마도요가 누구인지 말할 수 있는 자는
내가 아니고 강진만인데
누가 강진만에게
알락꼬리마도요가 누구인지 물었다는 소리를
들어본 적이 없다

내 앞에서만 묻지 않았지
강진만까지 먼 걸음을 길들 중에 어느 길이
알락꼬리마도요에 대하여

강진만에게 물었을 수도 있다

내가 아는
알락꼬리마도요의 먹이 사냥 기술과 잠자리가
알락꼬리마도요의 전부가 아니라는 걸
강진만을 제외하고 가장 잘 아는 이가
강진만까지 먼 걸음을 길들 중의 하나인
나다

알락꼬리마도요의 일거수일투족에 대하여
강진만까지 먼 걸음을 한 길들 중의 하나인
내가 신경을 쓰는 이유는
강진만이 알락꼬리마도요를 오래 붙들고 있지 못해서다

3부

윤슬

러시아가 우크라이나를 먼저 때린
러·우전쟁이 끝날 생각을 하지 않는다

생각이 깊은 햇빛과 달빛이
러·우전쟁이 끝날 때까지
물결과 의기투합하여 보석을 낳는 걸
그만둔다면
세상은 어떻게 될까

이스라엘이 이란을 때리자
눈에는 눈 이에는 이
이란이 반격을 하여
중동의 밤하늘이
불꽃놀이장 아닌
불꽃놀이장으로 변신하였다

생각이 깊은 햇빛과 달빛이
중동에 평화가 만개할 때까지
물결과 의기투합하여 보석을 낳는 걸
그만둔다면
세상은 어떻게 될까

윤슬
- 호르무즈 해협

호르무즈 해협에 쏟아지는
햇빛과 물결이
의기투합하여 태어난
보석들의
옹아리

- 눈에는 눈
이에는 이

호르무즈 해협에 쏟아지는
달빛과 물결이
의기투합하여 태어난
보석들의
옹아리

- 눈에는 눈
이에는 이

윤슬
- 호르무즈 해협

- 부우우웅 쾅!
지지직 펑!
콰과과광!

햇빛과 물결이
의기투합하여 태어난
보석들이 경기驚氣날까
무섭다

- 부우우웅 쾅!
지지직 펑!
콰과과광!

달빛과 물결이
의기투합하여 태어난
보석들이 경기날까
무섭다

윤슬

햇빛과 물결이 의기투합하여
태어난 보석밭이
다가가도 사라지지 않는다면
다들 보석을 챙기기 위하여
배를 타고
강으로
바다로 나아갈 것이다

강은
바다는
보석을 챙기려는
배들로
장사진을 이루는 것을 넘어
보석을 서로 차지하려다가
난투극이 벌어질 것이다

달빛과 물결이 의기투합하여
태어난 보석밭이
다가가도 사라지지 않는다면
다들 보석을 챙기기 위하여
배를 타고

강으로
바다로 나아갈 것이다

강은
바다는
보석을 챙기려는
배들로
장사진을 이루는 것을 넘어
보석을 서로 차지하려다가
난투극이 벌어질 것이다

윤슬
- 백마강

나당 연합군에 쫓기어
낙화암에서 뛰어내린 때가
낮이었다면
백제의 궁녀들을
그냥 물결이 받아내지 않았을 수도 있다

햇빛과 물결이 의기투합하여
태어난
보석밭이 받아냈을 수도 있다

나당 연합군에 쫓기어
낙화암에서 뛰어내린 때가
밤이었다면
백제의 궁녀들을
그냥 물결이 받아내지 않았을 수도 있다

달빛과 물결이 의기투합하여
태어난
보석밭이 받아냈을 수도 있다

윤슬

바다가 배가 가장 고플 때
햇빛과 물결이 의기투합하여 태어난
보석은
조금새끼

바다가 배가 가장 부른 때
햇빛과 물결이 의기투합하여 태어난
보석은
사리새끼

바다가 배가 가장 고플 때
달빛과 물결이 의기투합하여 태어난
보석은
조금새끼

바다가 배가 가장 부른 때
달빛과 물결이 의기투합하여 태어난
보석은
사리새끼

윤슬
 - 강진만에서

먼 걸음을 한 길들 중의 하나인 내가
햇빛과 물결이 의기투합하여
태어난 보석을
눈에 담기만 하는 게 아니라
시로 낳으려고 안간힘을 쓰고 있다

나 외에
먼 걸음을 한 다른 길들은
햇빛과 물결이 의기투합하여
태어난 보석을 가지고
뭘 하는지 궁금하다

나처럼
햇빛과 물결이 의기투합하여
태어난 보석을 가지고
시를 낳으려고 안간힘을 쓰는
먼 걸음을 한 길들이 없지 않아 있을 것이다

햇빛과 물결이 의기투합하여
태어난 보석을
눈에 담은 먼 걸음을 한 길들 역시

윤슬 아니면
물비늘이란
제목으로 시를 낳을 것이다

햇빛과 물결이 의기투합하여
태어난 보석을 가지고
시를 낳으려고
다들 강진만을 붙들고 늘어질 것이다

나를 포함하여
먼 걸음을 한 길들 모두가
햇빛과 물결이 의기투합하여
태어난 보석을 가지고
시를 낳을 수 있도록
강진만이 뒤에서 밀어주지 않고 배길 수 없을 것이다

윤슬
- 이니스프리

햇빛과 물결이 서로 콩깍지 씌어
보석이 태어나는 걸
윌리엄 버틀러 예이츠가 지켜봤을 게
틀림없다

모드곤이 물결이고
자신이 햇빛이라면
이보다 더 좋을 수가 없는 데라는 생각이
뇌리를 때렸을 것이다

모드곤이 레다이고
자신이 백조라면
이보다 더 좋을 수가 없는 데라는 생각 역시
뇌리를 때렸을 것이다

생각만으로 그치다가 나중에
조지 하이드 리스를 물결 삼고
자신을 햇빛 삼아
보석 같은 자식들을 낳았다

햇빛과 물결이 서로 콩까지 씌어

보석이 태어나는 걸
윌리엄 버틀러 예이츠가 지켜봤을 게
틀림없다

윤슬

물결
혼자서
보석을 낳을 수 없다

햇빛과 동침하지 않고

물결
혼자서
보석을 낳을 수 없다

달빛과 동침하지 않고

윤슬

햇빛과 물결이 의기투합하여
보석을 낳듯이
나도 누군가와 의기투합하여
보석을 낳고 싶다

누군가
누군가는
어디에서 무얼 하고 계실까

달빛과 물결이 의기투합하여
보석을 낳듯이
나도 누군가와 의기투합하여
보석을 낳고 싶다

누군가
누군가는
어디에서 무얼 하고 계실까

윤슬

물결이 햇빛과 의기투합하여
보석을 낳았다

물결이 달빛과 의기투합하여
보석을 낳았다

보석이,
보석이 동복이다

물결이
누구에게
손가락질을 받은 적이 없다

윤슬

햇빛과
물결이 의기투합하여
보석을 낳는다

햇빛과
물결 중에
누구의 공이 더 클까

달빛과
물결이 의기투합하여
보석을 낳는다

달빛과
물결 중에
누구의 공이 더 클까

윤슬
 - 알락꼬리마도요

햇빛과 물결이 동침하여
태어난 보석을
나만 지켜보는 게 아니라
알락꼬리마도요도 지켜보고 있다

나는
햇빛과 물결이 동침하여
태어난 보석으로
시를 낳을 생각을 하는데
알락꼬리마도요는
무슨 생각을 할까

먼 비행을 한
알락꼬리마도요 중에
먹을 것만 탐하지 않고
햇빛과 물결이 동침하여
태어난 보석에
꽂힌
알락꼬리마도요도 있는 것을

내 눈으로 목격하지 않았지만

달빛과 물결이 동침하여
태어난 보석 역시
지켜보는
알락꼬리마도요도 있을 것이다

햇빛과 물결이 동침하여
태어난 보석을
달빛과 물결이 동침하여
태어난 보석을 지켜보며
알락꼬리마도요는
무슨 생각을 할까

햇빛과 물결이 동침하여
태어난 보석에
나만 꽂힌 게 아니라
알락꼬리마도요도 꽂혔다

윤슬

서로
꽂히지 않고는
아무것도 낳을 수 없다는 걸
햇빛과 물결이 보여준다

봐라 봐!

햇빛과 물결이 서로 꽂혀
보석을 낳는 걸

서로
꽂히지 않고는
아무것도 낳을 수 없다는 걸
달빛과 물결이 보여준다

달 있는 밤에
강진만에 나와
봐라 봐!

달빛과 물결이 서로 꽂혀
보석을 낳는 걸

서로
미쳐야지
한쪽만 미쳐 갖고는
아무것도 낳을 수 없다는 걸
햇빛과 물결이
달빛과 물결이 가르친다,
은연 중에

윤슬

딱 걸렸다,
나에게

햇빛과 물결이 동침하여
보석을 낳아놓고도
아무런 일이 없었던 것처럼
시치미를 떼다가

딱 걸렸다,
나에게

달빛과 물결이 동침하여
보석을 낳아놓고도
아무런 일이 없었던 것처럼
시치미를 떼다가

윤슬

대낮에
푸틴과 젤렌스키를 불러내
햇빛과 물결이 의기투합하여
태어난 보석을
보게 하고 싶다

푸틴과 젤렌스키가 의기투합하여
평화를 낳으라고

한밤중에
푸틴과 젤렌스키를 불러내
달빛과 물결이 의기투합하여
태어난 보석을
보게 하고 싶다

푸틴과 젤렌스키가 의기투합하여
평화를 낳으라고

윤슬

햇빛과 물결이 서로 콩깍지 씌어
보석이 태어나는 걸 보고
입만 벌어지는 게 아니고
시샘도 하는데
나만 그러는 걸까

나 아닌
먼 걸음을 한 다른 길들의
입과 눈빛을
들여다보고만 있을 수가 없는 것을

나만 그런다면
인성에 문제가 있다는 말을
내가 들을 수 있으니
누구에게도
입만 벌어지는 게 아니고
시샘도 한다는 말은
털어놓지 말아야지

더더욱
누군가로 하여금

입이 벌어지게 하고
시샘도 하게 하기 위하여
햇빛과 물결이 서로 콩깍지 씌어
보석을 낳겠는가

달빛과 물결이 서로 콩깍지 씌어
보석이 태어나는 걸 보고
나는 입만 벌어지는 게 아니고
시샘도 하는데
나만 그러는 게 아니었으면 좋겠다

윤슬

햇빛과 물결이 서로 콩깍지 씌어
태어난 보석에 꽂힌 내가
보석을 보고 낳은 시가
몇 편이나 되는지
털어놔야 하나,
털어놓지 말아야 하나

털어놨다간
위화감을 조성하니
죽어도
털어놓지 말아야지

달빛과 물결이 서로 콩깍지 씌어
태어난 보석에 꽂힌 내가
보석을 보고 낳은 시가
몇 편이나 되는지
털어놔야 하나,
털어놓지 말아야 하나

털어놨다간
위화감을 조성하니

죽어도

털어놓지 말아야지

4부

여름밤
- 정호승의 '여름밤'에 답하여

들깻잎에 초승달을 싸서
어머니께 드리겠다 하니

우주의 시계인
하나밖에 없는 달을
쌈을 싸면
세상이 어떻게 되겠냐며
어머니께서 손사래를 치신다

그럼 상춧잎에 별을 싸서
드리겠다 하니

우주의 길잡이인
별자리가 흐트러지면
길 잃을 사람이 한둘이 아니라며
추호도 그런 생각을 하지 말란다

어머니,
어머니의 생각을 따라잡으려면
나는 아직 멀었다

여름

찌르르르르르르~~ 찌르르르르르르~~

매미 울음소리가
나를 가만두지 않는다

찌르르르르르르~~ 찌르르르르르르~~

뻐꾸기가
좀 더 머무르지 않고 떠난 것도
매미 울음소리에 치여서일 거다

찌르르르르르르~~ 찌르르르르르르~~

이미 다 울고 나서
보도블럭에 떨어져 있는
그러니까 울음주머니가 비어
생을 마감한 매미도 있다

찌르르르르르르~~ 찌르르르르르르~~

매미가 짧은 생애 내내 우는

울음의 양이 정해져 있는 것 같다

찌르르르르르르~~ 찌르르르르르르~~

매미 울음소리가
나만 가만두지 않는 게 아니라
꽃나무들도 가만두지 않을 것이다

찌르르르르르르~~ 찌르르르르르르~~

이미 가는 귀 먹은
꽃나무들도 있을 것이다

연꽃과 잠자리

연꽃에 꽂혔다고 해야 하나
연꽃을 밝힌다고 해야 하나
잠자리가
연꽃 주위를 맴돌고 있다

연못에 붙들려 있는
연꽃이
잠자리에 꽂혔다는
잠자리를 밝힌다는
말은 뱉을 수가 없다

연꽃이
잠자리의 부러움을 살 수도 있고
잠자리가
연꽃의 부러움을 살 수도 있겠다

잠자리가
연못 어딘가에 슬어 놓은 알이
잠자리가 되어
연꽃 주위를 맴돌기까진
위기의 순간이 한두 차례가 아니었겠지

연꽃에 미쳤다고 해야 하나
연꽃에 빠졌다고 해야 하나
잠자리가
연꽃 주위를 떠나지 않고 있다

비서

라이너 마리아 릴케는
로댕의 비서를 지내고
에즈라 파운드는
윌리엄 버틀러 예이츠의 비서를 지낸 걸
뒤늦게 알았다

나도
누군가의 비서로 지내고 싶은데
고희의 강을 건넌 나를
누가 비서로 받아 주겠는가

몽당연필인
고희의 강을 건넌 나는
누군가의 비서는 꿈도 못 꿀 나이이니
누군가를
나의 비서로 삼아야 한다

누구도
힘 없는
나의 비서가 되고 싶어 하지 않을 것이다,
하지만

5·18민주항쟁

5·18민주항쟁 이전에는
타임과 뉴스위크를 옆구리에 끼고 살았다

5·18민주항쟁 이후에는
창비와 문지 그리고
민음사 시집을 옆구리에 끼고 살았다

옆구리에
타임과 뉴스위크를 계속 끼고 살았더라면
나의 다가온 과거는 어떤 모습일까

무용하기에 유용한 시에 목을 매
패가망신한 지금과는
전혀 다른 생을 누리고 있을 것이다

소쩍새 울음소리가 나를 가만두지 않는다

솟쩍 솟쩍 솟쩍 솟쩍 솟쩍 솟쩍

독서대학 갔다가
막차 타고
성전버스터미널에서 내려
집에 가는 길
소쩍새 울음소리가 나를 가만두지 않는다

솟쩍 솟쩍 솟쩍 솟쩍 솟쩍 솟쩍

어떤 날은
소쩍새 울음소리가 힘이 하나도 없는데
오늘은
소쩍새 울음소리가 힘이 넘친다

솟쩍 솟쩍 솟쩍 솟쩍 솟쩍 솟쩍

허리가 낭창낭창한 초승달까지
울음소리가
다다르게 하기 위해
소쩍새가 있는 힘을 다하고 있을 수도 있다

솟쩍 솟쩍 솟쩍 솟쩍 솟쩍 솟쩍

대낮에 자신을 기죽이던
이 산 저 산의 뻐꾹새가 이미 떠났거나
떠날 준비를 하느라
정신이 없기에
마음껏 노래하는지도 모른다

솟쩍 솟쩍 솟쩍 솟쩍 솟쩍 솟쩍

독서대학 같다가
막차 타고
성전버스터미널에서 내려
집에 가는 길
소쩍새 울음소리가 나만 가만두지 않는 게 아니라
초승달도 가만두지 않는다

보은산 뻐꾹새
- 영랑생가에서

뻐꾹 뻐꾹 뻐꾹 뻐꾹 뻐꾹 뻐꾹

보은산 뻐꾹새가 쏘아올린
뻐꾹탄의 표적이
어디인가 했더니 영랑생가다

뻐꾹 뻐꾹 뻐꾹 뻐꾹 뻐꾹 뻐꾹

보은산 뻐꾹새가 쏘아올린
뻐꾹탄이 터져
영랑생가가 파손됐다거나
사람이 다쳤다거나 하는 소문을
들어본 적이 없다

뻐꾹 뻐꾹 뻐꾹 뻐꾹 뻐꾹 뻐꾹

영랑생가가
보은산 뻐꾹새가 쏘아올린
뻐꾹탄을 잘 받아내서 그런 거지
뻐꾹탄이 공중에서 소멸해서 그런 게 아니다

뻐꾹 뻐꾹 뻐꾹 뻐꾹 뻐꾹 뻐꾹

그때 그 시절
영랑생가가 받아낸 뻐꾹탄이
영랑이 시작을 하는 데
기여했으리라는
생각을 떨쳐 버릴 수가 없다

뻐꾹 뻐꾹 뻐꾹 뻐꾹 뻐꾹 뻐꾹

영랑생가가
보은산 뻐꾹새 울음소리만 잘 받아내는 게 아니라
밤이면
솟쩍 솟쩍 솟쩍 솟쩍 솟쩍 솟쩍
보은산 소쩍새가 쏘아올린
소쩍탄도 잘 받아낼 것이다

뻐꾹 뻐꾹 뻐꾹 뻐꾹 뻐꾹 뻐꾹

보은산 뻐꾹새가 쏘아올린
뻐꾹탄의 표적이
어디인가 했더니 영랑생가다

찔레꽃과 뻐꾹새 울음소리 그리고 낮달

찔레꽃이 먼저인지
뻐꾹새 울음소리가 먼저인지
궁금하다

찔레꽃보다
뻐꾹새 울음소리가 먼저인 것 같은데
확실히 하고 싶다

뻐꾹새 울음소리가
찔레꽃이 얼굴 내미는 데
기여했지
찔레꽃이
뻐꾹새가 우는 데
기여한 게 아니다

누구보다
낮달,
낮달은
찔레꽃이 먼저인지
뻐꾹새 울음소리가 먼저인지
알 것이다

찔레꽃 향기가
낮달에 먼저 다다랐는지
뻐꾹새 울음소리가
낮달에 먼저 다다랐는지
낮달에게 물어보면 된다

근데
해 때문에 기를 못 펴는
낮달이
죽은 척 눈을 감고 있으니
낮달에게
찔레꽃이 먼저인지
뻐꾹새 울음소리가 먼저인지
눈빛으로 물을 수가 없는 것을

해가 물러난 저녁에는
달이
나에게 눈길을 주지 않으니
찔레꽃이 먼저인지
뻐꾹새 울음소리가 먼저인지
물을 수가 없는 것을

찔레꽃이 먼저인지
뻐꾹새 울음소리가 먼저인지
궁금하다

물 보면 거슬러 오르고
– 영랑의 '물 보면 흐르고'에 답하여

물 보면 거슬러 오르고
별 보면 다다르고 싶은
마음이
어느덧 고희에 이르다니

고희에 이른 뒤에도
마음은
예나 지금이나 한결같으니
어떡하냐

세상에
고희에 철부지하다는 말을
내 안의 누군가에게 듣고도
그냥 웃어 넘기다니

물 보면 거슬러 오르고
별 보면 다다르고 싶은
마음이
앞으로 얼마나 더 거슬러 올라야 하며
별에 다다르려면 얼마나 더 가야 하나

분꽃과 초승달 그리고 풀벌레 울음소리

저녁 먹을 때면 얼굴 내미는
담장 아래 분꽃을 보러 나왔다가
풀벌레 울음소리를 배경 음악 삼아
초승달과 눈이 마주쳤다

분꽃 앞에서
초승달을 보러 나온 척하는
나의 속을
내 안의 누군가가 다 들여다본다

담장에 가린 분꽃을
초승달은 보지 못하고
분꽃 역시
초승달을 보지 못한다

초승달이 꼿꼿이 서 있으면
가물다는데
가물어
초승달이 꼿꼿이 서 있을 수도 있다

분꽃과 나를 가만두지 않는

풀벌레 울음소리가
초승달마저 가만두지 않는지
의문인 건 너무 멀어서다

저녁 먹을 때면 얼굴 내미는
담장 아래 분꽃을 보러 나왔다가
풀벌레 울음소리를 배경 음악 삼아
초승달과 눈이 마주친 내가
내 안의 누군가에게 속을 다 보였다

해바라기와 나

나보다
키가 작은
해바라기와 조우한 적이 없는데
해바라기보다 내가 키가 작다고 해서
내가 할 일을 못한 적은 없다

러·우전쟁 이전엔
해바라기와 조우하면
해바라기에서 빈센트 반 고흐가 얼굴 내밀고
해바라기에서
영화 해바라기의 주제곡이 흘러나왔다

러·우전쟁 중인 요즘은
해바라기와 마주치면
해바라기꽃이 탄알이 빼곡이 담긴
따발총의 탄창으로 보이고
해바라기가 러시아와 전쟁 중인
우크라이나 병사들로 보인다

앞으로는
해바라기와 마주치면

해바라기가 러시아와 전쟁 중인
우크라이나 병사들로 보이는 것보다
러시아와 우크라이나 사이에
평화를 가져다주는
평화유지군으로 보였으면 좋겠다

나보다
키 작은
해바라기와 조우한 적이 없는데
해바라기보다 내가 키가 작다고 해서
기죽은 적이 없다

영랑생가가 나를 편애하다

시문학의 성지인
영랑생가가 나를 편애하는 걸
누구에게도 털어놓지 않을 것이다

영랑생가가 나를 편애하는 걸
누군가가 눈치챘다 하더라도
내 입으론 털어놓지 않을 것이다

내가 영랑생가를 찾을 때마다
영랑생가가 나에게 시를 안겨 주는 걸
비밀로 할 것이다

나의 시작의 비밀을 알고 싶어 하는
누군가가
그 동안 영랑생가가 나에게 안겨 준 시가
몇 편이나 되냐고 물으면
세어 보지 않아
모른다고 할 것이다

몇 편이나 되냐고
계속 나를 다그치면

세워 보지 않아 모르지만
열 편 안팎이라고 대폭 줄여서 말할 것이다

내가 하루가 멀다 하고
영랑생가를 찾아도
영랑생가가 열 편 안팎의 시를 안겨 줬다고
엄살을 떨어야 한다

요즘은
영랑생가가 나를 편애하는지
내가 영랑생가를 편애하는지
헷갈린다

내가 영랑생가를 편애한다는 말이
내 입에서 나온 말이 아니라
밝힐 수 없는
누군가의 입에서 나온 말이다

시문학의 성지인
영랑생가가 나를 편애하던
내가 영랑생가를 편애하던
누구도 눈치채지 못하게 해야 한다

다시 태어난 현구생가가 나를 편애할 수밖에 없다

다시 태어난 현구생가가 나를 편애할 수밖에 없다

다시 태어난 현구생가가 나를 편애한다는 말이
떠돌기 전에
내가 다시 태어난 현구생가를 편애한다는 말이
떠돌았다

『다시 태어난 현구생가』,
『다시 태어난 현구생가가 카이저수염을 하다』,
『다시 태어난 현구생가가 마음을 다잡다』는
시집을 세 권이나 세상에 내던졌으니
내가 다시 태어난 현구생가를 편애한다는 말이
나온 것이다

먼 걸음을 한 길들이든
가까운 걸음을 한 길들이든 나 외에
다시 태어난 현구생가와
니체와 베르그송에 대하여
눈빛을 주고받은 길이 또 있는지 궁금하다

다시 태어난 현구생가도

무용하기에 유용한 시에 목을 맨 나도
모든 걸 다 알고 싶어 한다는 점에서
다시 태어난 현구생가와 나는
닮은 구석이 많다

다시 태어난 현구생가와 내가 다른 점은
다시 태어난 현구생가는 카이저 수염이고
나는 카이저 수염이 아니라는 것이다

다시 태어난 현구생가가 나를 편애할 수밖에 없고
나 역시
다시 태어난 현구생가를 편애한다는 말을 들어도
이의를 제기할 생각이 전혀 없다

식탁

식탁에 오른 것들 중에
해와 달 별빛의
신세를 지지 않은 게 하나도 없다

깻잎도
시금치도
상추도
김치도
고추도

파프리카처럼
해와 달 별빛을 챙긴 게
바로 눈에 띄지 않는다 해서
신세를 지지 않은 게 아니다

마늘도
양파도
소금도
설탕도

해와 달 별빛을

따로따로
조미료병에 담아
뿌리지 않아도 되는 이유가
여기에 있다

해와 달 별빛을 조미료병에 담을 수만 있다면

해와 달 별빛을 조미료병에 담을 수만 있다면

끼니 때마다
밥에도 뿌려 먹고
반찬에도 뿌려 먹고
국에도 뿌려 먹을 텐데

해와 달 별빛을 조미료병에 담을 수가 없으니
어떡하나

식탁에 오른 것들 중에
해와 달 별빛에게 신세를 지지 않은 것이
하나도 없으니
해와 달 별빛을 뿌려 먹을 필요가 없기에
해와 달 별빛을 조미료병에 담을 수 없는 건가

해와 달 별빛을 조미료병에 담아 뿌려 먹지 않아도
이미 해와 달 별빛을 섭취하고 있는 걸
고희의 강을 건넌 뒤에야 깨닫다니

봉숭아와 나

봉숭아꽃들이 나와 마주치면
몸 둘 바를 모른다

한 차례만 그런 게 아니고
만날 때마다 그런다

봉숭아꽃들이
나에게
딴 맘을 먹은 게 틀림없다

나는 마음으로
봉숭아 꽃잎으로
열 손톱을 물들이는데

봉숭아꽃들이
마음으로 내가
열 손톱을 물들이는 걸 알 리가 없는데

봉숭아꽃들이 나와 마주치면
노골적으로
몸 둘 바를 몰라 하니
성가시다

좋은 순사

우리 할아버지는 좋은 순사였다고
말한
절친이 있었다

내가 묻지도 않은 말을
절친이 한 건
무슨 연유였을까

좋은 순사,
좋은 순사

절친이
마음의 무거운 짐인
할아버지를 내려놓는
유일한 길이
좋은 순사란 말이였을 것이다

독립운동가의 후손은 물론이고
친일파의 후손도 피해 가지 않는 게
여파다

여러 해 전에 생을 마감한
절친이 나에게 한 말인
좋은 순사란 말이
나를 붙들고 놓아주지 않는다

참외꽃

보도블록 틈에 자리잡은
참외 씨에서
싹이 나
마침내 노란 꽃이 얼굴 내밀었다

노란 꽃이
괜히
내 눈에 띄어 가지고
나를 안절부절못하게 한다

참외 이파리가
병색이 짙다는 말로는
부족할 정도로
핼쑥하다

보도블록을 오고가는
무심한 발길에
밟히지 않는다는
보장이 없다

오늘 밤

잠 못 이룰 일이
또 하나 생긴 건
내가 오지랖이 넓어서다

단기건망증

1

궂은일 도맡아하는
음식물 쓰레기통이 왜 화장실에 있는가

발도 달리지 않은 음식물 쓰레기통이
화장실에 와서
용변을 봤을 리 만무하다

내가
음식물 쓰레기통을 데리고 나갔다가
비우고 들어온 건
분명하다

한번은
보초 서듯
음식물 쓰레기통이 화장실 앞에 서 있더니

큰일이다

2

영암군 농특산물 판매센터
매장에서 카드로 계산을 하려는데
카드가 얼굴을 보이지 않는다

이층 기찬메밀국수에서
선불로
아내와 메밀국수 한 그릇씩 비우고
내려왔는데
카드가 사라지다니

이층 카운터에 확인해 봐도
이층 카운터가 돌려준 게 분명한데
카드는 어디로 사라졌나

한참을 헤매다가
아내의 카드로 계산하려는데
아내의 가방에서
내 카드가 얼굴 내민다

아내 왈
선불로 음식값을 지불하느라
둘이 카운터 앞에 서 있다가
내가 화장실에 가는 바람에
아내가 카드를 받아
가방에 넣었다 한다

나만 큰일이 아니라
아내도 큰일이다

3

잘나가는
남악한살림에서 손님 두 사람이
옥신각신하고 있다

카트가 잠시 맡은
쇼핑백이 서로 자기 것이라고
서로 우긴다

결국

CCTV에게 판정을 의뢰하니
한 사람은 쇼핑 백을 들고 들어오고
한 사람은 쇼핑 백 없이 들어왔다

쇼핑 백을 들고 온 손님은
화가 나 나가 버리고
쇼핑 백을 들고 오지 않은 손님은
카운터에게
몇 번이고 죄송하단 말을 던지고
자신도 믿지 못하는 자신을 데리고 나간다

약소민족

누가 약소민족이라고 해서
약소민족이고
누가 약소민족이 아니라고 해서
약소민족이 아닌 것이 아니다

약소민족이란 말이
황동규의
'태평가'란 시에 출연한 적이 있는데
그때가 반세기도 전인데
지금도 우리는 약소민족인가

한번 약소민족은 영원한 약소민족이라 하면
더 이상 할 말이 없지만
관세로 겁박하고
등 치고 뺑 뜯어도
한 마디 말도 못하는 민족이 약소민족이라 생각하면
우리는 약소민족이 아니다

완전히 새로운 나라를 만들겠다는
이재명 정부는 관세전쟁을 치르는데
상대가 겁박한다고 해서

상대가 하자는 대로 따르는 게 아니라
줄 것은 주고
받아낼 것은 받아낼 것이다

지구상의
마지막 분단국이라는 약점을 이용하여
외세가 우리나라를 흔들어도
흔들리지 않는 나라가 바로
이재명 정부가 꿈꾸는
완전히 새로운 나라이다

누가 약소민족이라고 해서
약소민족이고
누가 약소민족이 아니라고 해서
약소민족이 아닌 것이 아니다

무제

승용차로 집에 데려다주겠다고
친구가 호의를 베풀자
딱 잘라 거절한
김수영

대중교통을 이용하여
종점에서 내려
집에 가는 길에
교통사고로 생을 앞당겼다

승용차로 집에 데려다주겠다고
친구가 호의를 베풀자
딱 잘라 거절하지 못한
알베르 까뮈

친구의
승용차에 몸을 싣고
집에 가는 길에
교통사고로 생을 앞당겼다

귀뚜라미

귀뚜라미가
물통에 빠져 허우적대고 있다

스마트폰에 담으려
서재에 다녀온 사이
귀뚜라미가 가라앉았다

눈앞에 허우적대는
목숨를 구하는 것보다
더 중요한 일이 어디 있다고
물통에 빠진 귀뚜라미를
스마트폰에 담을 생각을 하다니

예술의 비인간화,
예술의 비인간화가 따로 없다

물과별 시선 31

내가 슬픔이라면

1판 1쇄 인쇄일 ∣ 2025년 10월 10일
1판 1쇄 발행일 ∣ 2025년 10월 15일

지은이   김재석
펴낸이   신정희
펴낸곳   사의재
출판등록   2015년 11월 9일 제2015-000011호
주소   목포시 보리마당로 22번길 6
전화   010-2108-6562
이메일   dambak7@hanmail.net
© 김재석, 2025

ISBN 979 - 11- 6716 - 120 - 8 03810

값 13,000원